DISCOURS

PRONONCÉ LE 19 JANVIER 1843,

A LA GRANDE SALLE DES COURS DE ST.-THOMAS,

POUR RENDRE LES DERNIERS HONNEURS ACADÉMIQUES

A

GEORGE FRÉDÉRIC LACHENMEYER,

PROFESSEUR DE LITTÉRATURE GRECQUE AU SÉMINAIRE PROTESTANT ET AU GYMNASE DE STRASBOURG,

PAR M. J. F. BRUCH,

DOYEN DE LA FACULTÉ DE THÉOLOGIE, PROFESSEUR AU SÉMINAIRE PROTESTANT ETC.

———

SUIVI DU

DISCOURS PRONONCÉ SUR LA TOMBE

PAR M. J. WILLM,

INSPECTEUR DE L'ACADÉMIE, PROFESSEUR AU SÉMINAIRE PROTESTANT.

———

STRASBOURG,

DE L'IMPRIMERIE DE FRÉDÉRIC-CHARLES HEITZ,

IMPRIMEUR DU SÉMINAIRE PROTESTANT.

1843.

DISCOURS

PRONONCÉ LE 19 JANVIER 1843,

A LA GRANDE SALLE DES COURS DE ST.-THOMAS,

POUR RENDRE LES DERNIERS HONNEURS ACADÉMIQUES

A

GEORGE FRÉDERIC LACHENMEYER,

PROFESSEUR DE LITTÉRATURE GRECQUE AU SÉMINAIRE PROTESTANT ET AU GYMNASE DE STRASBOURG.

MESSIEURS,

Nous nous sommes réunis dans cette enceinte pour remplir un devoir bien douloureux : c'est de rendre les derniers honneurs académiques à un professeur distingué du Séminaire et du Gymnase, à un savant plein de mérite, à un excellent collègue et ami. Cette fois-ci la mort n'a pas frappé un homme courbé sous le poids des années et des travaux; elle a enlevé M. Lachenmeyer à l'âge où l'esprit atteint ordinairement le plus haut degré de sa force et de son développement, où les travaux du savant sont empreints de ce caractère de maturité que leur donnent des études approfondies et la longue expérience des années. Bien que depuis longtemps la maladie à laquelle succomba notre respectable collègue s'annonçât par un déclin visible de ces forces,

ces symptômes ne paraissaient pas assez alarmants pour laisser craindre une mort si prochaine. Dieu dans son ineffable bonté a voulu lui épargner de plus longues souffrances! Les profonds regrets que sa mort a provoqués, les larmes qui ont arrosé son tombeau, attestent l'estime dont il jouissait, l'affection que lui portaient tous ceux qui se sont trouvés avec lui dans des relations plus intimes, la vive reconnaissance des nombreux élèves qu'il a formés. — Qui plus que moi devrait être pénétré de douleur à la mort de Lachenmeyer? J'ai perdu en lui l'ami de mon enfance, de ma jeunesse, de mon âge mûr. J'espérais qu'il serait pour moi l'ami, le confident de ma vieillesse, si tant est que Dieu veut prolonger mes jours. Chargé de vous retracer la vie et les mérites de cet homme distingué, je dois d'avance vous demander pardon, si, dans mon discours, il m'arrive parfois de parler de moi-même. Nés dans la même année, dans la même ville, de parents liés par une ancienne et constante amitié, nous avons suivi ensemble les mêmes leçons élémentaires, nous avons fait ensemble nos études de théologie, nous nous sommes, après quelques années de séparation, retrouvés professeurs au même établissement. Enfants, nous nous sommes livrés aux mêmes jeux; étudiants et professeurs, toujours également animés du goût pour la littérature classique, nous avons lu ensemble les immortels chefs-d'œuvre des auteurs grecs et romains. Des rapports si multipliés, si intimes ont constamment lié ma vie à celle de Lachenmeyer, qu'il me serait impossible de vous retracer le cours de cette dernière, sans faire quelquefois allusion à ce qui m'est personnel.

Du reste la vie de Lachenmeyer offre peu de vicissitudes. Elle s'est écoulée paisiblement comme celle de la plupart des savants. Livré tout entier à ses recherches, à ses méditations, exempt de cette ambition qui dévore tant de cœurs et trouble tant d'existences, le vrai savant est spectateur des événements du jour, sans y prendre une part active. De sa solitude il contemple les scènes éternellement changeantes de la vie, non pour en tirer des avantages matériels, dont il n'est pas avide, mais pour y puiser des leçons utiles et pour découvrir les grandes et majestueuses lois, qui président aux destinées des hommes et des peuples. Mais si la vie de Lachenmeyer est dépourvue de cet intérêt qu'offrent des situations et des péripéties dramatiques, elle offre un intérêt d'un autre genre : c'est qu'elle nous laisse reconnaître, que cet excellent professeur devait peu à la fortune, presque tout à l'énergie de sa volonté, à la persévérance de ses travaux.

George Fréderic Lachenmeyer naquit le 16 Janvier 1792 à Pirmasens, petite ville de la Bavière rhénane. Son père, originaire du Würtemberg, homme généralement estimé et aimé à cause de la loyauté de son caractère et de la bonté de son cœur, dirigeait une des écoles primaires de cette ville. Création et résidence de l'aïeul du Grand-Duc de Hesse-Darmstadt actuel, qui fut moins connu par ses excellentes qualités que par les bizarreries de ses goûts militaires, Pirmasens avait joui pendant longtemps d'une grande prospérité. Mais les orages destructeurs de la première révolution pénétrèrent aussi jusqu'à elle. Témoin d'une sanglante bataille qu'en 1793 les Français livrèrent sous ses murs aux Prussiens, tour à tour occupée par les armées des deux peuples, pillée à plusieurs reprises, elle vit tomber en ruines et l'aisance de ses habitants, et le château et tous les édifices publics que le Prince, son fondateur, y avait fait élever. Ces ruines, qui couvraient une grande partie de la ville, eurent pour le jeune Lachenmeyer, comme pour tous ses condisciples, un attrait particulier. Il passait au milieu d'elles toutes ses heures de récréation. Elles devinrent pour lui le théâtre de toutes les histoires de vieux châteaux et de preux chevaliers qu'il parvint à se procurer. Son imagination, en s'échauffant, lui persuada qu'il devait y avoir des trésors; ardent à les rechercher, il pénétrait, non sans de grands périls, jusque dans les recoins les plus obscurs; et bien que ses peines ne fussent jamais récompensées par la moindre trouvaille, ses laborieuses recherches ne s'en ralentirent pas. — La veille encore de sa mort il se rappela avec un doux plaisir les illusions de son enfance et les délicieuses heures passées au milieu des ruines de sa ville natale.

Mais ce ne furent pas seulement les édifices publics et la prospérité matérielle de Pirmasens que ruinèrent les guerres de la révolution; une ruine égale atteignit les établissements d'instruction de cette ville, et notamment une école latine qui, largement dotée, y avait autrefois fleuri. A l'époque où le jeune Lachenmeyer dut recevoir la première instruction, il n'y avait plus à Pirmasens que des écoles paroissiales, dont une était confiée à son père. Cet homme respectable devint le premier maître de son fils. Il fut aussi mon premier maître; le souvenir de ses leçons ne s'effacera jamais en moi, aussi peu que son image. Je le vois encore nous enseigner, avec une patience qui ne se lassait jamais, les premiers éléments des connaissances humaines, souriant de nos étourderies, adoucissant même ses reproches par des paroles de bonté; je l'entends encore entremêler à ses enseignements des narrations intéressantes qui nous ravissaient. Fidèle aux anciennes habitudes de piété, il aimait à réunir le Dimanche matin, avant le service divin, ses enfants et les plus chéris de ses disciples pour leur faire lecture d'un sermon; si nous ne comprenions pas grand' chose à sa lecture, la piété sincère et profonde qui se révélait dans tous ses traits, jusque dans l'accent de sa voix, produisait sur nous un effet profond, et nous disposait à des mouvements d'une dévotion enfantine.

Cependant les leçons du respectable père de Lachenmeyer devinrent bientôt insuffisantes. Bien que son fils ne fût pas destiné à une carrière savante, il devait pourtant apprendre le Latin. La connaissance du Français lui était plus indispensable encore : Car par suite du traité de Lunéville (1801) Pirmasens avec toute la rive gauche du Rhin avait passé sous la domination française. Dès-lors la langue française, inconnue jusque là à la presque totalité des habitants de ces provinces, devint celle des tribunaux et de toutes les administrations. Toutes les carrières publiques étaient irrévocablement fermées au jeune homme qui l'ignorait. Mais comment l'apprendre à Pirmasens? L'embarras était grand. Alors un des pasteurs luthériens de la ville s'offrit à l'enseigner; son collègue se chargea des leçons de Latin. Ce dernier était un excellent Latiniste, capable encore dans un âge avancé de réciter mot pour mot les plus beaux passages des poëtes romains. Il possédait à un haut degré l'art de se faire respecter et aimer de ses élèves, et jamais le sentiment de gratitude pour cet excellent homme ne s'éteignit dans le cœur de Lachenmeyer, comme il ne s'éteindra jamais dans le mien. Cependant la méthode de ce digne pasteur n'était pas heureuse. Nous nous traînions pendant des années sur les premiers éléments, sans aller plus loin. Encore aujourd'hui je me rappelle l'horreur que nous inspirait le gros vocabulaire qu'il fallait apprendre par cœur, et l'angoisse que nous éprouvions à chaque version latine, par la crainte de manquer à une des nombreuses règles de la Grammaire, dont nous avions chargé notre mémoire, sans jamais y comprendre la moindre des choses. L'enseignement du français était encore beaucoup plus défectueux; car notre maître ne savait de la langue de Racine que ce qu'il fallait absolument pour comprendre, tant bien que mal, les petits contes de la Grammaire de Meidinger, de triste mémoire! Il fut remplacé plus tard par un ancien Sergeant-Major de la grande armée, homme jovial, qui composait en vers de longues tragédies, qu'il nous faisait représenter publiquement, sans que nous y entendissions un seul mot, mais qui, par malheur, n'était pas capable d'écrire deux lignes selon les règles de l'orthographe, lacune bien grave dans les connaissances d'un professeur de français, qui n'échappa pas même aux élèves de M. Crédit — c'était le nom de ce brave homme — sans nuire à l'affection qu'il leur inspirait par sa bonté et par les saillies de son esprit méridional.

Telle fut l'instruction dont Lachenmeyer jouit jusqu'à sa 15e année. — Ah, Messieurs les étudiants qui êtes présents dans cette enceinte, sentez-vous combien vous êtes plus heureux que M. Lachenmeyer, et que moi-même, qui avons consumé les années précieuses de notre enfance dans des leçons pitoyables, sous la direction de maîtres qui par leur ignorance, ou du moins par leur fastidieuse méthode, auraient été capables de nous inspirer une horreur invincible pour les études, de briser tous les ressorts de notre intelligence. Vous, dès l'âge où l'esprit commence à développer ses facultés, vous avez été admis dans des écoles sagement organisées, des maîtres instruits, habiles, vous ont voué leur soins, des méthodes bien raisonnées vous ont facilité tous les progrès. Partout vous affluaient des moyens d'instruction de tout genre, vous invitant à en profiter. Vous avez joui, Messieurs, d'un grand bonheur, qui nous a été refusé. N'oubliez pas que ce bonheur vous impose aussi une sainte obligation. Honte et malheur à vous, si nous ne vous distinguez par un brûlant amour pour les études, si vous ne parvenez à un savoir profond, si vous ne dépassez un jour les professeurs dont l'enfance et la jeunesse se sont passées dans des luttes incessantes avec des difficultés presque insurmontables.

Lachenmeyer avait atteint l'âge où le choix d'un état décide ordinairement de l'avenir du jeune homme. Son père le destinait à la carrière de l'enseignement primaire. Ce n'était sans doute pas celle qui répondait le plus à ses goûts et à ses vœux secrets. Il aurait ardemment désiré faire des études savantes. Mais sans murmurer il se résigna à la volonté de son père; car il n'ignorait pas qu'il était sans fortune. Un oncle, maître d'école à Baknang, petite ville non loin de Stoutgart, l'appela à lui; il s'offrit à initier son neveu dans l'art difficile de l'enseignement primaire, promettant même de se charger de son

avenir. Voilà donc le jeune Lachenmeyer aide-
instituteur dans une école primaire du Würtemberg. C'était une école tenue d'après l'ancien régime
pédagogique. La sévérité la plus inflexible présidait
à tous les exercices. Ce que ne produisait pas l'ha-
bileté du maître et l'autorité de sa parole, devait
être atteint par des punitions corporelles. Trop
souvent la récitation du Catéchisme et la lecture
des livres saints y furent interrompues par les larmes amères, qu'arrachait aux écoliers la mauvaise
humeur du précepteur.

Le jeune Lachenmeyer ne put se faire à de pa-
reilles habitudes, que l'école de son père ne lui
avait pas rendues familières. Des idées de pédago-
gie infiniment plus saines, inspirées en grande partie
par la bonté de son cœur, commencèrent à se
presser confusément dans sa tête. Il prit en aver-
sion l'école de son oncle et l'état d'instituteur. Une
profonde tristesse s'empara de son âme. Quel bonheur pour lui lorsque, le soir, après les labeurs et
les désagréments d'une pénible journée, il pouvait
se retirer à l'écart pour s'occuper des auteurs de
la latinité classique! De bonne heure les études devinrent pour lui, comme les désigne Cicéron, *le-
vamentum miseriarum*. Ses connaissances en Latin
étaient encore bien imparfaites; mais par la persévérance de ses études, en consultant les autres
collaborateurs de l'école de son oncle, dont quelques-uns avaient fait leurs classes dans les Gym-

nases du Würtemberg, il parvint à faire des progrès rapides. Bientôt les Bucoliques et l'Enéide de Virgile ne lui présentèrent plus guère de difficultés. Un autre délassement bien nécessaire à son âme, Lachenmeyer le trouva dans la culture de la musique. Dans cet art aussi son père avait été son premier maître. Lachenmeyer y avança étonnamment, car ses efforts furent merveilleusement secondés par son talent naturel et par l'exquise finesse de son oreille. Bientôt il fut à même de jouer son rôle dans de petits concerts donnés par les amateurs de la ville, et le talent qu'il déploya sur le piano lui valut parfois les éloges des connaisseurs.

La providence qui l'avait doué de si belles dispositions ne l'avait pas condamné à passer sa vie dans la poussière d'une école primaire. Il y avait à Baknang un fort bon pensionnat, créé et dirigé par un homme aussi savant que modeste, M. Oetinger, appelé plus tard comme professeur de Grec et de Latin au Gymnase de Stoutgart. La juste réputation d'érudition et de bonté dont jouissait M. Oetinger, engagea le jeune Lachenmeyer à s'adresser à lui pour le consulter dans ses études latines. Après les premiers entretiens, plein de confiance en lui, il osa lui faire confidence de ses peines. Touché de la position et des sentiments de ce jeune homme, dont il devina le talent, M. Oetinger lui offrit de l'occupation dans son pensionnat. Ce fut avec des transports de joie que Lachenmeyer fit ses adieux à l'école de son oncle, pour entrer dans la maison d'un homme qui avait gagné tout son cœur.

Ici commence une période nouvelle dans la vie de Lachenmeyer. M. Oetinger était un pédagogue consommé. Il connaissait parfaitement le génie de l'enfance et savait ce qu'il faut pardonner à l'exubérance de forces qui caractérise le jeune âge. Dans toute sa maison règnait le calme et la sérénité. Jamais il ne punissait ce qui n'était pas l'effet d'une mauvaise volonté ou d'un sentiment blâmable. Sa douceur n'excluait cependant pas une mâle fermeté. Ses élèves respectaient l'autorité de sa parole, et lui obéissaient avec empressement.

Dans cette maison Lachenmeyer se sentit à l'aise; il sympathisait avec le génie qui y règnait, et s'acquittait de ses fonctions avec joie. En communication perpétuelle avec M. Oetinger, ses études classiques se développèrent sur une plus large base. Bientôt il eut fait connaissance avec les principaux auteurs de Rome. Au Latin il ajouta l'étude du Grec. M. Oetinger aimait à réunir quelquefois à des repas socratiques plusieurs amis aussi savants que lui. La conversation animée de ces hommes fut pour Lachenmeyer une source abondante de connaissances intéressantes et utiles, et ce ne fut pas sans fruit qu'il suivait attentivement les exercices de style latin, auxquels son professeur avec ses amis se livrait quelquefois par délassement.

Quelqu'heureux que Lachenmeyer se trouvât dans la maison de M. Oetinger, dont jusqu'à sa mort il ne parlait jamais sans émotion, il nourrissait toujours le désir de faire des études savantes. La Théologie lui semblait le mieux répondre à ses goûts. Ce désir était d'autant plus vif qu'il désespérait de le réaliser. Car dépourvu de fortune, comment aurait-il pu songer à faire face aux dépenses que les études théologiques entraînaient alors? A cette époque les étudiants en théologie étaient moins heureux qu'aujourd'hui. Les nombreuses bourses créées par la munificence du gouvernement n'existaient pas encore. Parmi les cours donnés à l'Académie protestante, comme on appelait alors notre Séminaire, peu étaient gratuits, les autres étaient rétribués par les auditeurs. En outre les élèves en théologie, de même que ceux des autres facultés, étaient astreints à payer la rétribution universitaire onéreuse pour bien des fortunes. Dans les lettres que Lachenmeyer m'adressait à Strasbourg, où moi-même j'étudiais alors la théologie, lettres écrites ordinairement en Latin et remarquables déjà par une grande pureté de style, il enviait mon sort, il se plaignait de la destinée qui ne lui permettait pas de suivre avec moi les mêmes études. Un autre ancien ami de Lachenmeyer se préparait alors à Strasbourg au St Ministère, c'était M. Jacob, plus tard pasteur à Pfuhlgriesheim, et enlevé il y a peu d'années à sa nombreuse famille par une mort prématurée. C'était en 1811; je venais de recevoir de Lachenmeyer une lettre toute pénétrée, comme les précédentes, des vœux et des sentiments qui l'agitaient alors. Je communiquai cette lettre à M. Jacob, qui après quelques moments de réflexion me dit: »Mes parents ne sont pas plus riches que ceux de Lachenmeyer; j'existe ici uniquement par les leçons que je donne. Pourquoi Lachenmeyer ne tenterait-il pas la même fortune? Qu'il vienne ici; je partagerai avec lui mon logement, mon pain, jusqu'à ce qu'il ait trouvé moyen de pourvoir lui-même à son existence.« Frappé par ces paroles de Jacob, j'en fis aussitôt part à Lachenmeyer; deux mois plus tard, quelques jours avant la rentrée, il m'avait rejoint à Pirmasens, et le sac sur le dos il se rendit avec moi à Strasbourg.

Le bon Jacob tint parole; il accueillit Lachenmeyer comme un frère. Bientôt son active amitié réussit à lui procurer une leçon. Six mois après notre collègue avait déjà trouvé assez d'occupations pour suffire à lui-même. Il ne lui en fallait pas beaucoup pour vivre; car le seul besoin insatiable qu'il ait jamais ressenti, était celui d'étendre ses connaissances. La vie joyeuse et les mœurs quelque peu sauvages que l'affluence d'étudiants allemands, attirés à Strasbourg par les décrets impériaux, avait alors répandues dans notre Académie, ne trouvèrent chez Lachenmeyer que des sentiments antipathiques. Qu'il était heureux de pouvoir réaliser

ce qu'il avait désiré si longtemps, si ardemment,
se livrer tout entier aux études savantes! Toutes
les lettres qu'il écrivit à son ancien professeur, M.
Oetinger, respiraient le bonheur dont il jouissait
alors, tandis que ce dernier éprouvait de profonds
regrets de se voir privé d'un collaborateur qui
était déjà devenu son ami, dont il comptait faire
son associé, par lequel il espérait donner à son
établissement une grande extension. *)

---

*) Voilà en quels termes s'exprima M. Oetinger dans une
lettre, adressée à M. Lachenmeyer en date du 3o Mai
1812 : «Für Ihre beiden mir so lieben Briefe meinen
innigsten Dank, ungeachtet beide für mich eben so
viel Trauriges als Angenehmes hatten. Denn könnte
ich wohl an Sie denken, ohne die Trennung von
Ihnen schmerzhaft zu fühlen? Ich muss es täglich em-
pfinden, welche Bürde meine immer grösser werdenden
Geschäfte für mich sind, seitdem ich nicht mehr einen
so bedeutenden Theil davon auf Ihre eben so bereitwil-
ligen als kräftige Schultern legen kann. Ich verzweifle
einen Mann zu finden, dessen Geist und Herz auch
nur die Hälfte des Werthes für mich hätten, den Sie
für mich hatten. Hat er den einen, so fehlt ihm das
andere, und umgekehrt. Unsere Verbindung, hätte
das Schicksal sie begünstigt, würde uns immer mehr
vereinigt haben und die Grundlage eines Planes geworden seyn, den ich oft zu meiner Lieblings-Phan-
tasie wählte, und in dessen Ausführung Sie, nach
meiner Meinung, den Frieden und die Freude Ihres
Lebens gefunden haben würden. Wir hätten unsern
Geschäften eine Ausdehnung geben können, die sich

Bien que de beaucoup supérieur en connaissances philologiques à la presque totalité des étudiants qui peuplèrent alors notre Académie protestante, Lachenmeyer résolut cependant de consacrer encore une année entière aux études classiques, auxquelles il associa celles de la philosophie. La philologie avait alors encore à Strasbourg un brillant représentant, c'était l'illustre Jean Schweighæusser. Lachenmeyer suivit ses cours avec un vif intérêt, mais non sans déplorer que ce grand helléniste fût obligé, par l'ignorance de ses élèves, à s'abaisser dans ses cours jusqu'à l'enseignement des premiers éléments. Les cours du savant et modeste Dahler sur plusieurs auteurs latins, ne restèrent pas sans une salutaire influence sur ses études de la littérature romaine. Le même professeur l'initia à la connaissance de l'hébreu. Le vénérable Herrenschneider, dernier débris de l'ancienne et célèbre Université de notre ville, le familiarisa avec les principaux problèmes de la Logique et de la Métaphysique.

Mais dès le début de sa carrière universitaire

---

mir von Tag zu Tag immer mehr und einladender anbietet, und auf die ich, allein stehend, Verzicht leisten muss. Eben diese Einsamkeit drückt mich und macht, dass ich vergebens die Arme nach Ihnen ausstrecke. Diess sind meine schmerzhaften Gesühle wenn ich an Sie denke.

Lachenmeyer avait compris, ce que tant d'étudiants ne comprennent jamais, savoir que les cours publics ne sont destinés qu'à orienter l'élève dans le vaste champ de la science, à l'intéresser aux travaux intellectuels, à lui faire connaître les problèmes les plus difficiles et à lui indiquer la voie pour les résoudre heureusement; il avait compris que ces cours supposent l'étude domestique comme première condition de tout véritable progrès. Aussi tous ses moments étaient consacrés à des études fortes et persévérantes. Son goût décidé pour la littérature classique le ramenait constamment aux auteurs grecs et romains. Il les lisait, il les relisait, il les approfondissait, il se pénétrait de l'esprit dont ils sont animés. Jamais il ne passait légèrement sur une difficulté qu'il y rencontrait; il n'était tranquille que lorsqu'il l'avait vaincue. La plupart de ses soirées étaient employées à lire avec ses deux plus anciens amis les grands écrivains de Rome, et tous les deux reconnurent en lui leur maître et étaient souvent frappés de l'étendue et de la solidité de son savoir. Par des exercices nombreux il parvint à donner à son style latin cette teinte classique par laquelle il se distinguait.

En 1813 il commença les études de théologie. Haffner et Fritz étaient alors encore dans toute la force de leur activité académique. Mais le plus brillant d'entre les théologiens de l'ancienne Académie, Blessig, dont l'Alsace protestante ne prononce le

nom qu'avec vénération, moins accablé par les
années que par ses travaux et ses infirmités, était
déjà sur son déclin. Cependant Lachenmeyer eut
encore le bonheur de suivre les leçons de cet
homme remarquable, leçons qui faisaient sur tous
ses auditeurs un effet si profond, si salutaire et si
durable. A cette époque deux autres professeurs
entrèrent dans la carrière académique, qui tous
les deux, dès leur début, produisirent une sensa-
tion extraordinaire; je veux parler d'Emmerich et
de Redslob. Tous deux devinrent pour Lachenmeyer l'objet d'un culte pieux. Si le premier l'attirait
par la profondeur de son érudition historique, par
sa douce piété, par sa tendance quelque peu mys-
tique, par son éloquence suave, respirant en quelque sorte le génie de Tauler et de Fénélon; l'autre
l'entraînait par la richesse de ses idées philosophi-
ques, par la nouveauté de ses vues, par sa parfaite
connaissance du cœur humain, par les frappantes
analogies de la nature, par lesquelles il savait ha-
bilement animer les sujets les plus arides, enfin
par sa diction chaleureuse et poëtiquement coloriée.
Emmerich menait une vie trop retirée et trop con-
templative pour que Lachenmeyer ait trouvé moyen
d'entrer avec lui dans des rapports plus intimes.
Mais bientôt il eut le bonheur de se rapprocher de
Redslob. Il le dut aux pressantes recommandations
d'un de ses amis les plus anciens et les plus intimes,
M. Kurtz, aujourd'hui pasteur à Lingolsheim. M.

Redslob lui confia plusieurs leçons dans le pensionnat qu'il avait créé, et qui malgré les entraves que lui opposaient les règlements universitaires, jouissait alors d'une haute prospérité. Logé dans la maison de Redslob, Lachenmeyer devint commensal de ce brillant professeur. Que d'heures délicieuses il passa dans cette maison! Le soir, quand les travaux de la journée étaient accomplis, Redslob, nouveau Socrate, entouré de quelques-uns de ses disciples, ouvrait tous les trésors de son esprit et de son imagination. Souvent la conversation roulait sur les questions les plus difficiles de la psychologie et de la métaphysique. La parole du professeur, toujours instructive et entraînante, répandait quelquefois une lumière subite sur des régions qui jusqu'alors avaient paru à ses élèves enveloppées d'une profonde obscurité. Parfois Redslob communiquait à ses jeunes amis ses productions poétiques qui, toujours empreintes d'une philosophie profonde et essentiellement religieuse, devenaient à leur tour le texte de nouveaux entretiens. Dans ses dernières années encore, Lachenmeyer aimait à se rappeler ces heures si douces et si fécondes, et mainte parole de Redslob se reproduisait alors dans sa mémoire.

Cependant le Stage théologique de Lachenmeyer tirait vers sa fin. Selon les usages du Séminaire il était appelé à faire un premier essai de prédication. Mais à la pensée de monter en chaire,

de parler devant un public nombreux et attentif,
une angoisse indicible s'empara de son âme. Tous
les raisonnements par lesquels ses amis, Redslob
surtout cherchèrent à l'encourager, demeurèrent
sans effet. Le terrible moment de ce premier
exercice oratoire s'approchant, Lachenmeyer prit
ses précautions. Un ami dut s'armer d'un sermon et l'accompagner jusqu'à l'église, afin de monter en chaire à sa place, si au dernier instant le
courage venait à lui manquer totalement. Il n'eut
pas besoin de cette ressource; il prêcha très bien;
tout le monde lui reconnut un talent oratoire distingué. Mais ce premier essai de prédication lui
laissa de si pénibles souvenirs, que dès-lors il re-
nonça pour jamais à la carrière d'orateur chrétien.

En 1816 la confiance des administrateurs de S^t-
Guillaume l'appela aux fonctions de supérieur de
cet établissement. Quoiqu'entouré de l'estime et de
l'affection de tous les étudiants, Lachenmeyer ne se
trouva pas là dans sa véritable sphère. La surveil-
lance perpétuelle qu'il devait exercer sur les élèves,
le fatiguait; la comptabilité que sa charge lui im-
posait, lui était odieuse. Trop préoccupé d'Athènes
et de Rome, il oubliait souvent de noter ce qu'il
dépensait pour la maison; et toutes les fois qu'il
fallut rendre ses comptes, il se trouva dans sa
caisse un déficit plus ou moins considérable, que,
sans murmurer, il comblait de sa poche.

Ce ne fut qu'en 1819 que Lachenmeyer entra

réellement dans la sphère pour laquelle il était fait.
Les leçons de Grec dans les classes supérieures du
Gymnase étant devenues vacantes par la démis-
sion d'Emmerich, M. Fritz, alors directeur de cette
école, les confia à notre collègue. Ce fut un heureux
choix. Depuis son enfance Lachenmeyer avait donné
des leçons; sous la direction de M. Oetinger à Baknang déjà il avait fait un excellent apprentissage
pédagogique; son talent pour l'enseignement s'était
encore développé dans la maison de M. Redslob;
un goût prononcé l'avait attaché aux études classiques. Toute la littérature grecque et romaine lui
était familière; il s'était pénétré du génie qui l'a-
nime. — Quel meilleur professeur aurait-on pu
attacher à l'antique école, à laquelle l'Alsace doit
tant de savants distingués. Aussi dès ses premières
leçons au Gymnase on vit combien on avait à s'ap-
plaudir de l'y avoir appelé. Ce qui caractérisait
essentiellement son enseignement, c'en était l'extrême solidité. Les élèves comprenaient au premier
instant, que leur professeur n'était pas seulement à
la hauteur de sa tâche, mais qu'il était au-dessus
d'elle, et mettaient dès-lors en lui une confiance
illimitée. Aussi jamais Lachenmeyer ne se rendit à
sa leçon sans s'y être consciensieusement préparé,
sans s'être rendu raison de toutes les difficultés
que le passage à expliquer pouvait offrir, sans
même avoir mûrement pesé toutes les expressions
par lesquelles le sens de l'auteur pouvait être rendu.

Sévère sur les principes, il ne négligeait pas de rendre ses élèves attentifs aux beautés de l'auteur sur lequel roulait son enseignement. Ce tact exquis, avec lequel il sentait et appréciait lui-même les charmes de la littérature classique, il savait jusqu'à un certain point le communiquer à ses élèves. Souvent sa parole les électrisait. Avec quel intérêt ne suivaient-ils pas ses leçons! De quel amour pour les études classiques ils s'y inspiraient! Certes, si la mort n'avait pas enlevé quelques-uns de ses disciples les plus distingués, la philologie savante compterait aujourd'hui à Strasbourg plus de représentants, et l'école philologique qui pendant si longtemps exista dans notre ville et jeta un si vif éclat, ne serait pas sur le point de s'éteindre. Dans les dernières années de sa vie ses fréquentes indispositions troublèrent quelquefois la sérénité de son humeur et donnèrent à sa parole quelque chose d'acre et de sarcastique qui s'accordait peu avec la bonté naturelle de son cœur. Toutefois ces mouvements d'un esprit chagrin ne laissèrent pas méconnaître à ses élèves l'excellence de ses intentions. Leur estime et leur affection n'en furent pas affaiblies.

Les services que M. Lachenmeyer rendit au Gymnase étaient trop distingués pour ne pas être généralement appréciés. D'avance l'opinion publique le désignait pour une des chaires du Séminaire. En effet en 1821 déjà il fut nommé professeur extraordinaire à cet établissement; après la mort de l'illustre Schweighæuser en 1830 il y fut appelé en qualité de professeur ordinaire.

Au Séminaire Lachenmeyer expliqua tour à tour Horace, Tacite, Plaute, Thucydide, les tragiques grecs, Aristophane, Demosthène et Platon. Son enseignement académique n'était pas ce qu'on appelle brillant. Il était trop exempt de toute prétention pour viser jamais à l'effet. Sa diction était simple, correcte et claire, rarement animée, jamais coloriée de ces figures oratoires et poétiques, ressource trop bannale des rhéteurs. Mais parcontre tout ce qu'il disait attestait la profondeur de son savoir. Le génie de l'antiquité dont il s'était imbu répandait dans son enseignement comme un parfum classique. A sa parole, les difficultés qui avaient arrêté l'élève dans la lecture des anciens auteurs s'aplanissaient, les passages les plus obscurs devenaient clairs, toutes les beautés se révélaient dans tout leur éclat. Par lui la jeunesse apprenait à se rendre raison de tout, à pénétrer dans les idées les plus intimes d'un auteur, à se familiariser avec toutes les particularités de son style, à goûter les charmes parfois cachés de son ouvrage. — Vous, Messieurs les étudiants, qui avez eu le bonheur d'être ses élèves, vous savez combien il y avait à apprendre chez lui, vous vous félicitez sans doute de chaque heure que vous avez passée dans son auditoire, vous regrettez de ne pas avoir mieux profité encore de son enseignement. — Mais ce n'est pas seulement par ses cours que Lachenmeyer aspira à se rendre utile aux élèves; il les engageait à aller le voir chez lui. A tous les moments de la journée il était à leur disposition, pour leur donner de bons conseils et d'utiles renseignements. Sa bibliothèque riche et choisie était accessible à tous. Il aimait à s'entretenir avec eux pour les encourager aux bonnes études et pour leur faciliter leurs progrès. Aussi jusqu'aux dernières années de sa vie, où l'état chancelant de sa santé lui faisait un devoir de plus de solitude, on le trouvait rarement seul; presque toujours on rencontrait chez lui quelques élèves avec lesquels il causait de la manière la plus instructive. Peu de professeurs ont été plus aimés que lui, peu ont exercé sur les études des élèves une influence plus marquée et plus salutaire.

Lachenmeyer était déjà Professeur extraordinaire au Séminaire, lorsqu'une admirable occasion de se perfectionner dans ses connaissances philologiques vint se présenter à lui d'une manière tout-à-fait inattendue. Par la faiblesse de sa vue le célèbre Schweighæuser avait été forcé de suspendre ses leçons publiques. Mais tourmenté du besoin de se rendre utile il s'offrit à donner aux plus jeunes d'entre ses collègues au Séminaire un cours particulier sur le grec. On conçoit l'empressement avec lequel Lachenmeyer, M. Fritz et moi nous acceptâmes l'offre de notre vénérable maître. A cette époque, Schweighæuser plus qu'octogénaire, ayant achevé son Lexicon Hérodoteum, eut l'idée de préparer une édition critique de Thucydide. Ce fut cet historien que nous étudiâmes avec lui. Il nous communiqua les savantes notes qu'il rédigeait sur cet auteur; il nous fit part de toutes les ressources dont il se servait, de tous les procédés qu'il employait pour éclaircir des passages difficiles, ou pour restituer dans le texte corrompu les véritables leçons. Souvent nous fûmes confondus de la sagacité avec laquelle ce vieillard parvenait à applanir des difficultés, qui avaient embarrassé les plus savants commentateurs. Jamais leçons ne furent plus instructives que celles que nous donna cet illustre hélléniste. Celui de nous trois qui en profita le plus, ce fut Lachenmeyer, parce qu'il y apportait le plus de connaissances. Ces leçons durèrent jusqu'à ce qu'une extinction presque totale de la vue eut privé M. Schweighæuser de la faculté de lire. Ce fut un moment bien douloureux pour nous, lorsqu'il nous annonça qu'il se voyait hors d'état de nous être utile plus longtemps. Lachenmeyer lui exprima notre gratitude par un charmant poëme grec, dont la perte est extrêmement à regretter.

Parmi les auteurs latins ceux que Lachenmeyer aimait le plus c'étaient Horace, Tacite et Plaute; parmi les grecs c'étaient Thucydide, Eschyle, Sophocle et Démosthène. Il les relisait sans cesse. A force de les étudier il était parvenu à surmonter toutes les difficultés qu'ils opposent à des lecteurs moins assidus et moins savants. Lachenmeyer les lisait en quelque sorte comme un contemporain, comme un habitant de Rome ou d'Athènes. Voilà pourquoi il sentait aussi et goûtait avec ravissement tout ce que leurs écrits renferment de beautés. Combien de fois le trouvant dans le silence de son cabinet Sophocle ou Demosthène en main, la jouissance intime empreinte dans tous ses traits, ne l'ai-je pas entendu s'écrier plein d'enthousiasme : Qu'y a-t-il de comparable à ces auteurs! On ne sait pas assez quel bonheur en éprouve de pouvoir les lire sans plus être arrêté par aucune difficulté!

On ne peut pas assez regretter qu'un homme d'une érudition classique si profonde, d'un goût si pur, ne soit pas devenu auteur. Mais Lachenmeyer ne connaissait pas cette espèce de fièvre d'idées, cet irrésistible besoin de produire qui tourmente les écrivains féconds. D'ailleurs une modestie excessive l'empêcha d'avoir conscience de tout ce dont il était capable. Il craignait de se compromettre en livrant ses idées au public. Lorsqu'en 1834 les élèves et les amis nombreux du vénérable Herrenschneider s'associèrent pour célébrer solennellement le 50e anniversaire de son Professorat, Lachenmeyer fut chargé par le Séminaire de rédiger une adresse. Ce ne fut qu'après de longues hésitations qu'il la composa; et quand elle fut rédigée il n'osa pas la livrer à l'impression. Je me rappellerai toute ma vie le mouvement de colère dans lequel il entra, lorsque peu de jours avant la fête, impatienté par ses interminables lenteurs, je pénétrai dans son cabinet pour lui enlever de vive force son manuscrit. Et tous ceux cependant, qui connaissent cette adresse, s'accordent à dire que pour le fond et la forme c'est un chef-d'œuvre.

Si ce n'est pas par des ouvrages, Lachenmeyer survivra à lui-même par les élèves qu'il a formés, par les services qu'il a rendus, par l'amour des études classiques qu'il a entretenu et répandu.

La santé de Lachenmeyer n'avait jamais été bien robuste. Mais depuis quelques années des indispositions plus fréquentes annoncèrent une altération grave dans son organisme. Cependant un séjour prolongé aux eaux ranimait d'année en année ses forces épuisées, rétablissait sa santé chancelante. Nulle part il ne se plaisait mieux qu'à Rippoltsau. Là il devenait le centre de la bonne société; là il déployait librement toute la sérénité naturelle de son âme, toute la finesse, toute la grace de son esprit. Tous ceux qui avaient le goût de la littérature et des arts se groupaient autour de lui. Il présidait aux lectures, aux soirées musicales, aux promenades, jusqu'aux jeux d'esprit. Son arrivée était attendue avec impatience, et bien des personnes accoururent d'assez loin, uniquement pour jouir pendant quelques semaines de sa société.

L'été dernier quelques symptômes graves, un

profond épuisement de ses forces le firent soupirer
plus que jamais après le repos, après le séjour aux
eaux qui tant de fois déjà avait rétabli sa santé
ébranlée. Mais Petersthal, où il se rendit cette année, ne put que lui offrir quelques distractions,
et non arrêter la maladie organique qui se déve-
loppait en lui avec une rapidité effrayante. Lachenmeyer revint faible, abattu. Les angoisses d'une
respiration excessivement gênée étaient pour lui
un tourment inexprimable pendant le jour, et
chassaient pendant la nuit le sommeil de ses pau-
pières. Quelquefois encore, au mois de Novembre
dernier, il se traîna péniblement vers St-Thomas,
pour faire son cours. Mais le chemin du Gymnase
était trop long pour lui. Il eut l'intention de se
faire conduire en voiture à St-Thomas, au Gymnase; »car, disait-il, je ne me sens mieux que lorsque je me trouve en chaire devant mes élèves.«
Mais l'extrême faiblesse qui s'était emparée de lui,
ne le lui permit pas. Bientôt se déclara une hy-
dropisie de poitrine. Lachenmeyer souffrit beaucoup, mais il ne se plaignait pas. En vain ses amis
cherchèrent-ils à lui faire illusion sur son état; il
en comprit la gravité et attendait la mort avec le
calme du vrai sage. Une dernière joie lui était ré-
servée. Informés de sa maladie un frère et une
sœur chéris arrivèrent en toute hâte de sa ville
natale pour lui prodiguer leurs soins. Depuis leur
arrivée son état s'améliora sensiblement. Toute la

sérénité de son âme se ranima. Avec quel intérêt, avec quelle vivacité il s'entretint encore la veille de sa mort, avec quelques-uns de ses amis; comme il se plût à rappeler quelques scènes de l'heureux temps de son enfance! Mais semblable au flambeau qui au dernier instant répand encore une fois une vive clarté, la vie de Lachenmeyer, après ces lueurs trompeuses, s'éteignit subitement. Le 26 Décembre son âme passa aux régions mystérieuses qui doivent réaliser nos plus sublimes espérances. Là notre ami aura rencontré ces génies de l'antiquité dont les admirables productions avaient nourri son esprit pendant son existence terrestre.

Messieurs, je vous ai peint Lachenmeyer comme savant, comme professeur. Mais n'oublions pas son caractère si noble et si généreux. Il n'était pas un de ces hommes pour lesquels les études ne sont jamais qu'un exercice de l'intelligence. Chez lui elles avaient puissamment influé sur les sentiments, sur toute sa manière d'être. Tout ce que le génie de l'antiquité, tel qu'il se réfléchit dans la littérature classique, a de beau, de grand, de noble, il se l'était approprié; et tout ce qu'il emprunta à l'antiquité, il l'épura et le sanctifia par le Christianisme. Lachenmeyer était sincèrement attaché à la religion du Christ. Les leçons de Blessig, d'Emmerich et de Redslob avaient invariablement fixé ses croyances. Mais il s'était trop nourri du génie de l'antiquité classique pour donner dans un étroit ortho-

doxisme. Son exemple a prouvé une fois de plus,
que des études classiques sérieuses et profondes
sont la meilleure garantie contre toutes les extra-
vagances religieuses. *) Souvent il déplora les scis-
sions que la divergence d'opinions religieuses a
produites de nos jours, la perturbation qu'elles ont
jetée au milieu des plus douces relations, des liai-
sons les plus intimes. Simple dans toutes ses ma-

---

*) Voyez *Reinhard's* System der christlichen Moral. 2e Vol,
    page 206. «Von dieser Seite (nämlich um der religiösen
    Schwärmerei vorzubeugen) ist insonderheit *das Studium*
    der alten Sprachen empfehlungswürdig. Wirklich ge-
    lehrte Kenner derselben, und gründliche Ausleger
    der Schrift und der alten Classiker, sind, wie die
    Geschichte bezeugen kann, nie Schwärmer gewesen.
    Die Ursachen dieser merkwürdigen Erscheinung liegen
    unläugbar in dem angestrengten Fleiss, welchen diese
    Art von Gelehrsamkeit erfordert, und der das Feuer
    der Phantasie sehr glücklich dämpft; in der Uebung
    der Vernunft, die Menge von kleinen Umständen,
    welche auf die Auslegung einen Einfluss haben können,
    zu bemerken, und gegen einander abzuwägen; in dem
    unablässigen Bestreben Alles richtig zu verstehen,
    d. h. nicht eher nachzulassen, als bis das Dunkle auf
    klare Vorstellungen gebracht, und mit fasslichen Wor-
    ten ausgedrückt ist; und endlich in dem Umstande,
    dass solche Männer auch bei der Schrift so verfahren,
    und sie daher nie zu Träumereien missbrauchen. Da-
    gegen ist bekannt, dass die Schwärmer aller Zeiten
    schlechte Sprachkenner und Exegeten gewesen, und
    eben dadurch in ihren Thorheiten am meisten bestärkt
    worden sind.»

nières, modeste jusqu'à l'excès, franc et loyal envers tout le monde, toujours fidèle à sa parole, d'un désintéressement parfait, sensible à toutes les démonstrations de bienveillance et d'amitié, Lachenmeyer dut inspirer de l'estime, de l'affection et une confiance sans bornes à tous ceux qui eurent le bonheur de le connaître. Un des plus beaux traits de son caractère, ce fut sa reconnaissance. Jamais il n'oublia aucune des personnes, qui pendant son jeune âge lui avaient rendu des services et avaient secondé ses efforts. Vous avez remarqué, Messieurs, les larmes dont les enfants de l'ami, qui l'avait attiré à Strasbourg, ont arrosé sa tombe. Elles attestèrent ce que Lachenmeyer avait été pour eux depuis la mort prématurée de leur père, la sollicitude paternelle qu'il leur avait vouée.

Mais pourquoi continuer de vous retracer l'image du professeur distingué dont nous déplorons la perte? Vous l'avez connu, vous l'avez estimé, vous l'avez aimé. Conservez lui les sentiments qui pendant sa vie vous ont animés envers lui. Puisse à Strasbourg la littérature classique être toujours cultivée avec autant de goût et de succès que par Lachenmeyer; puisse le noble caractère de notre collègue et ami trouver beaucoup d'imitateurs!

DISCOURS

PRONONCÉ SUR LA TOMBE

DE

LACHENMEYER,

PAR

M. J. WILLM.

Wir stehen hier mit Wehmuth an dem Grabe eines treuen Freundes, eines eben so gewissenhaften als geschickten Lehrers, eines reichbegabten Pflegers der Kunst und Wissenschaft, und was mehr ist als dieses, eines edlen Menschen. Kaum angelangt auf der Höhe des Lebens und der Bildung, in dem Alter welches, nach dem gewöhnlichen Laufe der Natur, die Zeit ist der höchsten Blüthe des Geistes, der reichsten Entfaltung des innern Menschen, des reinsten und kräftigsten Willens und des tiefsten und umfassendsten Denkens, ist er uns entrissen worden, der so Vielen unter uns ein treuer Freund und Lehrer war.

Und wie sollte auch nicht der tiefste Schmerz uns ergreifen, wenn wir den grossen Verlust bedenken, den wir selbst und mit uns unsere Stadt, unsere Kirche und unsere Schulen erleiden, durch den frühen Hintritt eines Mannes, der seine Pflicht als Freund und als Lehrer, als Mensch und als

Bürger mit solcher Treue erfüllte? Wie sollte er unser Gefühl nicht empören, der Gedanke dass eine so edle Natur ein so früher Raub des Todes geworden, dass so grosse Kenntnisse, die Frucht eines unermüdlichen Fleisses, dem Grabe anheim gefallen sind?

Doch eben an dem Grabe eines solchen Mannes geziemt es uns nicht, uns ganz solchen entmuthigenden Gefühlen Preiss zu geben; gerade hier geziemt es uns diesen Schein zu besiegen und zu bedenken was das Wahre ist: und sie müssen von uns weichen die Gedanken an Tod, an Gruft und Verwesung, und Gedanken des Lebens, der Unsterblichkeit müssen unsern Geist erfüllen und erheben.

Es ist ja doch alles nur Täuschung was wir hier vor Augen haben; ist ja doch der Tod nicht Zerstörung dessen was wahrhaft ist, sondern in Wahrheit Verwandlung, Befreiung, Beförderung zu einem höhern Leben, und die Grablegung nichts anders als die Wiedererstattung an die Erde dessen was aus ihr entnommen war.

Wie könnte auch Denken und Wissenschaft, Liebe und Treue zu Grabe getragen werden? Wie könnte das verloren gehen was seiner Natur nach göttlich ist und von dem Göttlichen zeuget?

Lasset uns also dem Grabe nicht zürnen: es hat nur dasjenige zurückgenommen was ihm gehörte; es umschliesset nur die abgestreifte Hülle unsers

Freundes, nicht ihn selber. Er selbst, das was wir an ihm liebten und verehrten, die Liebe und Treue, die Wahrhaftigkeit und Gerechtigkeit, der hohe Geist und die rechte Bildung, dieses sein Selbst ist nicht hier, sondern an dem Orte woher es gekommen war.

Indem wir also von diesem Grabe scheiden, scheiden wir nur von der leeren Hülle; welche deinen nunmehr verklärten Geist hier auf Erden umschloss und fesselte, geliebter Lachenmeyer, nicht von dir selbst. Du selbst wirst fortleben in unserm Gedächtniss, bis auch für uns die Stunde der Vollendung schlägt, bis zu der Stunde in welcher wir, wir hoffen es zu Gott, der ein Gott ist der Lebendigen und nicht der Todten, wieder vereinigt werden mit dir im Lande des Lichtes, des Friedens, der Freiheit und des ewigen Lebens. Amen.